真宗本廟の心

白蓮華の道

熊谷宗惠 著

法藏館

目次

白蓮華の道

——真宗本廟の心——

淤泥華は美し

『維摩経』の教え

親鸞聖人《しんらんしょうにん》は、『教行信証《きょうぎょうしんしょう》』「証巻《しょうかん》」に、『浄土論註《じょうどろんちゅう》』の文を引用されています。

「淤泥華《おでいけ》」とは『経』（維摩経）に言《のたま》わく、「高原の陸地《ろくじ》には、蓮華《れんげ》を生ぜず。卑湿《ひしつ》の淤泥《おでい》に、いまし蓮華を生ず」。これは、凡夫煩悩《ぼんぶぼんのう》の泥の中にありて、菩薩《ぼさつ》のために開導《かいどう》せられて、よく仏の正覚《しょうがく》の華を生ずるに喩《たと》う。（『真宗聖典』東本願寺出版部刊〈以下『聖典』と示す〉、二八八頁）

蓮の花というのは、高原の陸地には咲かない。蓮の花は汚い泥の中に生えて、そして、泥に汚されることなく、美しく清らかな花を咲かせるものだということです。この蓮の花の教えが『維摩経《ゆいまきょう》』の経言《きょうごん》です。

その『維摩経』の言葉の意味を、曇鸞大師《どんらんだいし》が解説されています。蓮の花が泥の中から美しい花を咲かせるということは、私たち凡夫《ぼんぶ》が煩悩《ぼんのう》の泥の中で生活しながら、菩薩《ぼさつ》に他力念仏の教えを教えられることによって、この娑婆《しゃば》の生を終えたとき、煩悩の泥に汚れない正覚《しょうがく》の花を咲かせることができるということを喩《たと》えたものだと説かれているのです。

親鸞聖人は、この『浄土論註』の言葉を、「証巻」に引用して、浄土に往生すれば、即座に正覚の覚りを開くことができることを明らかにしておられるのです。

蓮の花は、泥の中でしか生きることはできません。それは、私たち凡夫が、一生の間煩悩の汚れの中でしか生きられないということと同じことです。

「高原の陸地《ろくじ》には、蓮華を生ぜず」と『維摩経』に説かれていますが、これは、私たち凡夫は、決して清らかな人生を送ることができないということを教えているのでしょう。

私たちは、凡夫であるために、清らかな生活をすることはできません。親鸞聖人は、『一念多念文意《いちねんたねんもんい》』の中で、

凡夫《ぼんぶ》というは、無明煩悩《むみょうぼんのう》われらがみにみちみちて、欲もおおく、いかり、はらだち、そねみ、ねたむこころおおく、ひまなくして臨終《りんじゅう》の一《いち》念《ねん》にいたるまでとどまらず、きえず、たえずと、（『聖典』五四五頁）

このように説いておられます。私たちの身にあふれる無明煩悩は、臨終の一念まで消えることはないと、厳しく自己を見つめておられるのです。

そのように、煩悩の汚れの中でしか生きられない私たち凡夫なのですが、他力念仏の教えに出遇い、阿弥陀如来の本願を信じ、他力信心を得ることが

できれば、蓮の花が、泥の汚れを少しも残さないような、清らかな花を咲かせるように、即座に覚りを得ることができると、親鸞聖人は説かれています。

他力念仏の教えというのは、そのように煩悩にまみれて生きる凡夫を、そのままで仏にする不可思議なる教えなのです。だからこそ親鸞聖人は、『正《しょう》信偈《しんげ》』の中で、

よく一念喜愛《いちねんきあい》の心《しん》を発《ほっ》すれば、煩悩《ぼんのう》を断《だん》ぜずして涅槃《ねはん》を得《う》るなり。

（能発一念喜愛心《のうほついちねんきあいしん》　不断煩悩得涅槃《ふだんぼんのうとくねはん》）（『聖典』二〇四頁）

と、煩悩を断ぜずして涅槃を得る仏道であると説かれるのです。

悪凡夫の仏になることこそ不思議

蓮如上人《れんにょしょうにん》のお言葉に次のようなお言葉があります。『蓮如上人御一代記聞書』七八に、

法敬坊《ほうきょうぼう》、蓮如上人《れんにょしょうにん》へ申され候う。「あそばされ候う御名号《みょうごう》、焼け申し候うが、六体の仏《ぶつ》になり申し候う。不思議なる事」と、申され候えば、前々住上人（蓮如）、その時、仰せられ候う。「それは、不思議にてもなきなり。仏の、仏に御なり候うは、不思議にてもなく候う。悪凡夫《あくぼんぶ》の、弥《み》陀《だ》をたのむ一念にて、仏になるこそ不思議よ」と、仰せられ候うなり。

（『聖典』八六九～八七〇頁）

と言っておられます。

法敬坊《ほうきょうぼう》というお弟子が、蓮如上人に申し上げたのです。火事があって家が燃えたとき、蓮如上人がお書きになった「南無阿弥陀仏」の名号のお軸も一緒に焼けてしまったのです。ところが、不思議なことに、その焼けた名号の軸が、六体の阿弥陀仏の姿となって空中に現れ、そしてやがて消えていったというのです。そのありさまを、法敬坊が蓮如上人にお話して、六体の仏になり申し候う。不思議なる事。

と言ったのです。ところが蓮如上人は、それを不思議なことだとは、言われませんでした。どう言われたかというと、

それは、不思議にてもなきなり。仏の、仏に御なり候うは、不思議にてもなく候う。

と、もともと仏であった名号が、仏さまの姿を現したのだから、とくに不思議ということはない。むしろ当たり前のことだと言われているのです。

そして、仏法の本当の意味の不思議というのは、

悪凡夫《あくぼんぶ》の、弥陀《みだ》をたのむ一念にて、仏になるこそ不思議よと、仰せられ候うなり。

といわれるように、悪凡夫が煩悩《ぼんのう》を断ずることなく仏になって覚《さと》りを開かせてもらうことこそが、本当に不思議なことだと説かれているのです。

臨終《りんじゅう》に仏菩薩《ぶつぼさつ》の来迎《らいこう》があるとか、奇瑞《きずい》が起こることを、普通の人びとは不思議なことだとか奇跡と呼ぶのですが、蓮如上人に言わせれば、そんなことはそれほど不思議なことではないのでしょう。本当に不思議なことは、毎日毎日愚痴《ぐち》ばっかり言いながら日暮らししていて、しかも自分の愚かさに、まるで気がつかないような悪凡夫である私たちが、阿弥陀仏の本願を信じるだけで、尊い覚《さと》りを得ることができることなのです。そのような蓮如上人の思いの中には、「このような私を、よくぞ見捨てることなく救ってくださったことよ」という深い驚きと感謝の念があるのです。

仏の象徴とされた蓮の花

このように、蓮の花というのは、私たち煩悩具足《ぼんのうぐそく》の凡夫《ぼんぶ》が、煩悩を断ずることなく覚《さと》りを開くことができるという、仏法不思議の象徴《しょうちょう》なのです。その意味で、蓮の花というのは、古来から仏教徒にとても大切にされてきました。そしてそれは、時として仏の象徴ともされてきたのです。

インドに残されている古い仏教の絵や彫刻を見ますと、仏さまの姿というものが描かれていません。何が描いてあるかというと、仏さまの足の形であるとか、法輪《ほうりん》が描かれていて、それで仏を表しているのです。それから、蓮華の花とか、台座だけで仏を表すということをしているのです。仏さまそのものを描いたり彫ったりするということは、あまりにも畏《おそ》れ多いと、昔の人は感じたのでしょう。

私が、子どものときというか、若いときに、ご門徒《もんと》の報恩講《ほうおんこう》に行きますと、北陸では、たまに絵像の場合がありまして、蓮台しか描いてないものがありました。蓮華の台の上に「親鸞聖人《しんらんしょうにん》」と書いてある。お姿は描いてないというものが実際にありました。やはり、昔は畏れ多いと思ったのでしょう。

そういったものもやはり、つまり言葉によるならば、不可思議でしょう。人間の思いが届かないところの世界ですから、こんなふうに描いていたのだと思います。

『維摩経』を大切にされた聖徳太子

ところで、曇鸞大師《どんらんだいし》が引文された『維摩経《ゆいまきょう》』というお経は、浄土真宗《じょうどしんしゅう》では正依《しょうえ》の経典ではありません。私たちが学ぶのは、『無量寿経《むりょうじゅきょう》』『観無量寿経《かんむりょうじゅきょう》』『阿弥陀経《あみだきょう》』の浄土三部経《じょうどさんぶきょう》です。この浄土の三部経は、親鸞聖人《しんらんしょうにん》がお決めになったものです。

その三部経が正依の、依りどころとする経典ですから、『維摩経』というのはそれほど重要視されていません。

では、この『維摩経』をだれが大切にされたかというと、じつは聖徳太《しょうとくたい》子《し》なのです。聖徳太子は、『法華経義疏《ほけきょうぎしょ》』『維摩経義疏《ゆいまきょうぎしょ》』『勝鬘経義疏《しょうまんぎょうぎしょ》』と、三つの経典の注釈を著わされたと言われています。大谷大学の仏教学の先生に「本当ですか」と聞くと、「そういうことになっているのだ」とお答えくださるから、違うとも言えないし、そうだとも言えない。聖徳太子に代表される、日本の当時の最高の権威といいますか、力のある方が注釈を施したということなのでしょう。

それで、聖徳太子ということになりますと、私たち浄土真宗にとりましては、かけがえのない大事な方です。親鸞聖人は、「皇太子聖徳奉讃《こうたいししょうとくほうさん》」と呼ばれるような、聖徳太子を誉《ほ》め讃《たた》えた歌をたくさん作っておられます。また「和国の教主」という言葉があります。

和国《わこく》の教主聖徳皇《きょうしゅしょうとくおう》　広大恩徳謝《こうだいおんどくしゃ》しがたし
一心《いっしん》に帰命《きみょう》したてまつり　奉讃不退《ほうさんふたい》ならしめよ（『聖典』五〇八頁）

と親鸞聖人は説かれています。「和国」というのは、日本のことです。「教主」というのは、釈尊《しゃくそん》のことです。ですから、親鸞聖人は、聖徳太子のことを日本の釈尊であると敬《うやま》われたということです。それほどまでに尊敬された人が、聖徳太子《しょうとくたいし》だったのです。

じつは、これには深いわけがあるのです。それは、どういうことかといいますと、親鸞聖人は、聖徳太子をご縁として、本願念仏《ほんがんねんぶつ》に遇《あ》うことができたからなのです。親鸞聖人は、比叡山《ひえいざん》に二十年間おられました。九歳のとき得《とく》度《ど》されて比叡山に登られ、二十九歳で下りてこられます。下りてこられて、どこへ行かれたかというと、六角堂《ろっかくどう》へ参籠《さんろう》されたのです。

聖徳太子が建てられた六角堂頂法寺

親鸞聖人は、比叡山で堂僧《どうそう》をしておられました。『恵信尼消息《えしんにしょうそく》』を見てみ

ますと、

殿《との》の比叡《ひえ》の山に堂僧《どうそう》つとめておわしましけるが、山を出《い》でて、六角堂《ろっかくどう》に百日こもらせ給いて、（『聖典』六一八頁）

とあります。比叡山で堂僧をしておられた親鸞聖人が、比叡山での修行に絶望して、新たな道を求めて山を下り、京都の街中にある六角堂に参籠されたというのです。

この六角堂というのは、六角堂頂法寺《ちょうほうじ》のことで、このお寺は聖徳太子が建てられたとされていて、ご本尊の観音菩薩《かんのんぼさつ》はそのまま聖徳太子であるともいわれているのです。

京都の街の中で、観音さまで有名なお寺というのは、清水寺《きよみずでら》と六角堂です。清水寺は、清水の舞台でよく知られていますし、六角堂は華道《かどう》の池坊《いけのぼう》の家元のお寺として有名になっています。

親鸞聖人の当時、比叡山を捨てて、京都の街に出てきた人がたくさんいたのです。そして、そのような人たちは、たいがい六角堂か清水寺の観音さまに祈りに行くのです。それで、親鸞聖人も六角堂に参籠されたわけです。

観音菩薩の示現

六角堂に参籠されてどうなったのかというと、『恵信尼消息《えしんにしょうそく》』には、次のように書かれています。

山を出《い》でて、六角堂に百日こもらせ給いて、後世《ごせ》を祈らせ給いけるに、九十五日のあか月、聖徳太子《しょうとくたいし》の文《もん》をむすびて、示現《じげん》にあずからせ給いて候いければ、やがてそのあか月、出《い》でさせ給いて、後世《ごせ》の助からんずる縁《えん》にあいまいらせんと、たずねまいらせて、法然上人《ほうねんしょうにん》にあいまいらせて、（『聖典』六一六頁）

とあります。ご本尊の観音菩薩《かんのんぼさつ》が夢に出てこられて、お告げがあったということなのです。その夢告によって、次の日に法然上人のところに行かれたということです。

このように、親鸞聖人が、法然上人と出会われ、そして他力念仏の教えに帰依《きえ》されるきっかけとなったのが、聖徳太子の夢告であったことから、親鸞聖人は、聖徳太子をことのほか尊敬しておられるということがあるわけです。

法然上人のもとに行かれた親鸞聖人は、毎日毎日、法然上人の説法を聞きに通われました。『恵信尼消息』を見てみると、

百か日、降《ふ》るにも照《て》るにも、いかなる大事《だいじ》にも、参《まい》りてありしに、ただ、後世《ごせ》の事は、善《よ》き人《ひと》にも悪《あ》しきにも、同じように、生死出《しょうじい》ずべきみちをば、ただ一筋《ひとすじ》に仰《おお》せられ候いしをうけ給わりさだめて候いしかば、（『聖典』六一六〜六一七頁）

とあります。雨が降ろうが、どんなことが起ころうが、毎日毎日法然上人のところに通われたのです。そしてそこで聞かれた教えというのが、「善人であろうが悪人であろうが、差別なく同じように覚《さと》りを開くことができる道」である、他力念仏の教えだったのです。

親鸞聖人《しんらんしょうにん》は、法然上人《ほうねんしょうにん》によって、絶望の淵から救い出されたのです。二十年という長い長い比叡山《ひえいざん》での修行によっては、生死《しょうじ》の迷いを解脱《げだつ》するための手がかりすらもつかむことができなかったのです。そのために、聖なる修行の地である比叡山を捨てて、聖徳太子にすがるようにして道を求められたのです。

親鸞聖人が、最後の頼みの綱としてすがった聖徳太子という人は、在家の人で、僧侶ではないのです。聖徳太子は、『十七条憲法』の第二条に、

篤《あつ》く三宝《さんぼう》を敬《うやま》え。三宝《さんぼう》とは仏《ほとけ》・法《のり》・僧《ほうし》なり。(『聖典』九六三頁)

といわれています。三宝を敬うことが、国を正しく動かすための基本になると考えておられたわけです。そして、その精神を形に表して、「三経義疏《さんぎょうぎしょ》」といわれる経典の解説書を自らで著わされたのです。

そのように、在家の聖徳太子が、仏道修行に絶望した親鸞聖人に、これまた街の中で、庶民を相手に、専修念仏《せんじゅねんぶつ》を説いておられた法然上人のもとへ行けと告げられたわけです。

示された「女犯の偈」

さらにまた、親鸞聖人に偈が告げられたといわれています。その偈とは、『御伝鈔《ごでんしょう》』（『聖典』七二五頁）によりますと、

行者宿報設女犯　行者《ぎょうじゃ》、宿報《しゅくほう》にてたとえ女犯《にょぼん》すとも、

我成玉女身被犯　われ玉女《ぎょくにょ》の身《み》となりて犯《おか》せられん。

一生之間能荘厳　一生《いっしょう》の間《あいだ》、よく荘厳《しょうごん》して、
臨終引導生極楽　臨終《りんじゅう》に引導《いんどう》して極楽《ごくらく》に生《しょう》ぜしめん。

このような四句《しく》の偈《げ》が示されたということです。これは「女犯《にょぼん》の偈《げ》」と言われるもので、文字どおり妻を持つときには私が妻となりましょうという内容です。つまり、親鸞聖人が僧を捨てて妻を持ち在家者になることを予告するものであったのです。

親鸞聖人は、この「女犯の偈」に大きな衝撃を受けられたと思います。妻を持ち在家者になるということは、立派な僧にはなれないということです。つまり、修行を積んで覚《さと》りを開くことはできないということを、断言されたというか、修行を続ける資格すらないと言い渡されたようなものだからです。

親鸞聖人は、二十年の間ただひたすら覚りを開くことを目的として修行を続けてこられたのです。しかし、その努力がまったく無駄になってしまうの

です。なんとかして、覚りを開きたい、せめてその手がかりなりともつかみたいと思って、比叡山を下り、最後の頼みの綱として、六角堂の聖徳太子にすがった親鸞聖人だったのです。ところが、頼りにした聖徳太子からの答えは、僧を捨てろというものだったわけです。

『維摩経《ゆいまきょう》』の譬《たと》えでいえば、親鸞聖人は高原の陸地で見事な花を咲かせたかったのです。そのために、厳しい修行に耐え必死の努力を重ねてこられたわけです。ところが聖徳太子は、「お前は高原で花を咲かせることはできない。泥の中で一生暮らすしかない」と言い切られたのです。

そして、そのような泥の中で暮らすしかない者のための救いの道を説いておられる法然上人のもとへ行けと教えられたのです。

泥の中に生きる凡夫のための道

親鸞聖人は、法然上人から他力念仏の教えを受け、そこで、泥の中に生きる凡夫がそのままで覚りを開く道に出遇《であ》われたのです。曇鸞大師《どんらんだいし》が説かれているように、

凡夫煩悩《ぼんぶぼんのう》の泥の中にありて、菩薩《ぼさつ》のために開導《かいどう》せられて、よく仏《ぶつ》の正覚《しょうがく》の華を生《しょう》ずるに喩《たと》う。（『聖典』二八八頁）

という、煩悩成就《ぼんのうじょうじゅ》の凡夫が、そのままで仏の正覚の華を咲かせる道に出遇われたということです。

吉水《よしみず》の法然上人《ほうねんしょうにん》のお弟子となられた親鸞聖人は、それ以後三度名前を変えておられます。一番最初は「綽空《しゃくくう》」と名のっておられます。『教行信証《きょうぎょうしんしょう》』「後序《ごじょ》」を見てみますと、

しかるに愚禿釈《ぐとくしゃく》の鸞《らん》、建仁辛《けんにんかのと》の酉《とり》の暦《れき》、雑行《ぞうぎょう》を棄《す》てて本願《ほんがん》に帰《き》す。元《げん》

> 久《きゅう》乙《きのと》の丑《うし》の歳《とし》、恩恕《おんじょ》を蒙《かぶ》りて『選択《せんじゃく》』を書《しょ》しき。同じき年の初夏《そか》中《ちゅう》旬《じゅん》第四日《だいしにち》に、「選択本願念仏集《せんじゃくほんがんねんぶつしゅう》」の内題の字、ならびに「南無阿弥陀仏　往生之業《おうじょうしごう》　念仏為本《ねんぶついほん》」と、「釈の綽空《しゃくのしゃくくう》」の字と、空（源空）の真筆《しんぴつ》をもって、これを書かしめたまいき。（『聖典』三九九頁）

とあります。親鸞聖人は、建仁元年《けんにんがんねん》（一二〇一年）、二十九歳のときに法然上人の弟子となっておられます。ここにある元久《げんきゅう》二年（一二〇五年）というのは、それから四年後のことです。

親鸞聖人は、法然上人がお書きになった『選択本願念仏集』を書写することを許されたのです。それで、書き写したものを持って法然上人のところにお礼に行ったところ、法然上人が、「選択本願念仏集」と内題を自ら書いてくださったということです。そしてさらにこれは親鸞聖人が書写したものであることを証明するように「釈の綽空」と名前まで書いてくださったということです。

ここに、「綽空」という名前が出てきます。この綽空という名は、七高僧の道綽禅師《どうしゃくぜんじ》と源空上人《げんくうしょうにん》の名前から一字ずつとってつけられたものだと考えられています。

ところが、その綽空《しゃくくう》という名前は、

同じき二年閏《うるう》七月下旬第九日、（中略）また夢の告《つげ》に依って、綽空の字を改めて、同じき日、御筆《ごひつ》をもって名の字を書かしめたまい畢《おわ》りぬ。

と『教行信証』「後序」にあるように、同じ元久二年（一二〇五年）の七月には、名前を変えておられるようです。それについては、『歎異抄《たんにしょう》』の後序に、有名な信心同一《しんじんどういつ》の諍論《じょうろん》ということが説かれていますが、そこに、

善信《ぜんしん》が信心《しんじん》も、聖人《しょうにん》の御信心《ごしんじん》もひとつなり。（『聖典』六三九頁）

と、親鸞聖人が言われて議論が始まったとあります。このときは「善信《ぜんしん》」と

いう名前を名のっておられたわけです。

この善信という名前は、七高僧の善導大師《ぜんどうだいし》と源信僧都《げんしんそうず》のお名前から一字ずつ取られたものでしょう。

愚禿釈親鸞という名のり

そして、もう一度名前を変えられるわけですが、それが「愚禿釈親鸞《ぐとくしゃくしんらん》」です。『教行信証《きょうぎょうしんしょう》』「後序《ごじょ》」を見てみますと、

真宗興隆《こうりゅう》の大祖《たいそ》源空法師《げんくうほっし》、ならびに門徒《もんと》数輩《すはい》、罪科《ざいか》を考えず、猥《みだ》りがわしく死罪に坐《つみ》す。あるいは僧儀《そうぎ》を改めて姓名《しょうみょう》を賜《たも》うて、遠流《おんる》に処《しょ》す。予《よ》はその一《ひとつ》なり。しかればすでに僧にあらず俗にあらず。このゆえに「禿《とく》」の字をもって姓《しょう》とす。（『聖典』三九八～三九九頁）

とあります。専修念仏《せんじゅねんぶつ》が禁止され、法然上人も親鸞聖人も罪人として遠流《おんる》と

なったのです。そのときには僧籍を剥奪《はくだつ》されて俗名《ぞくみょう》をつけられたわけです。親鸞聖人は「藤井善信《ふじいよしざね》」という名前をつけられて俗人とされ、そして越後《えちご》の国府《こくぶ》に流されたわけです。それから五年の後、建暦《けんりゃく》元年（一二一一年）、親鸞聖人が三十九歳のときに流罪が許されるわけですが、そのとき親鸞聖人は、

しかればすでに僧にあらず俗にあらず。このゆえに「禿」の字をもって姓とす。

と言われるように、「愚禿釈親鸞」と名のられるようになったのです。

この親鸞という名前は、七高僧の天親菩薩《てんじんぼさつ》と曇鸞大師《どんらんだいし》から一字ずつを取られたものであることは明らかです。そして、天親菩薩は『浄土論《じょうどろん》』を書かれ、曇鸞大師は『浄土論註《じょうどろんちゅう》』を書かれているのです。つまり、『無量寿経《むりょうじゅきょう》』によって他力念仏の教えを明らかにしておられるのが、天親菩薩と曇鸞大師であるわけです。

つまり、親鸞聖人は、いくたびかの転機を経ながら、最後に『無量寿経』を真実の経といただく世界をつかみ取っていかれたということです。そして、その『無量寿経』が真実の経である根拠こそ、

凡夫《ぼんぶ》煩悩《ぼんのう》の泥の中にありて、菩薩《ぼさつ》のために開導《かいどう》せられて、よく仏の正覚《しょうがく》の華を生ずる。

と曇鸞大師が説かれるように、煩悩成就《ぼんのうじょうじゅ》の凡夫《ぼんぶ》が、そのままの人生を生きつつ覚《さと》りを開くことができる、他力念仏の道が説いてあるからなのです。

浄土真宗は大乗の中の至極なり

私は、九年前に家内を癌で亡くしました。それから、父は三年前に九十歳で亡くなりました。そのように、二人の家族を亡くしたのですが、そのときに痛感させられたのは、死にゆく人にかける言葉を持ち合わせていなかった

出版案内

真宗関係好評図書
二〇〇五年六月現在

価格はすべて消費税(5%)込みです。

法藏館

総合佛教大辞典 全一巻

井ノ口泰淳
櫻部 建ほか編
薗田香融

世界宗教としての仏教—全仏教圏各時代にわたる一万二千余項目と、四万七千余の詳細な索引項目の全てを網羅した、定評のある本格的仏教大辞典を、さらに使いやすい〈一冊本〉として刊行。

二九、四〇〇円

清沢満之 その思想の軌跡

神戸和麿

真実の世界、浄土に生まれることを、清沢満之は「処世の完全なる立脚地」と示した。親鸞の教えを通して、自己の真に立つべき所を追究し続けた清沢の思想を明らかにする。

二、三一〇円

シンポジウム 動く仏教、実践する仏教

同朋大学大学院文学研究科編

悩める人を救うために仏教が果すべき役割とは?第一線で活躍する臨床心理学者を招き、カウンセリングと仏教の関わりなど、実践的に仏教を展開する方途を探る。河合隼雄・田代俊孝ほか。

一、二六〇円

愚禿釈の鸞 『教行信証』化身土巻 本 論讃

西山邦彦

西洋哲学、古今東西の文学にも造詣の深い著者が、親鸞の緻密な論理「三願転入」を親鸞自身の言葉から解明する共に、「愚禿釈の鸞」の義を解いて混迷する近代の超克を探る。

三、九九〇円

転依 迷いより目覚めへ

菅原信隆

迷いの拠り所を捨て、転じて本来の己に帰ることを転依というが、人々の迷いや苦しみを解決する教えは、釈尊が説き、法然・親鸞により開かれた浄土教であることを論じた労作。

三、七八〇円

〝ぐんもう〟のめざめ —二足草鞋のはざまで—

藤枝宏壽

現代に仏法を味わう——珠玉48の短篇法話エッセイ集。住職と学校の先生、この二足の草鞋の苦悩の現実を踏まえ、自らペンペン草=群萌であると気付かされた凡夫の目覚めを語る。

一、八九〇円

【好評既刊】

金子大榮 歎異抄
金子大榮

金子大榮先生の生前最期の講話で語られる他力念仏の教えは、人々の救いを根源的に明らかにする永遠不滅の教えである。『歎異抄』の真髄を簡潔な言葉で語りかける入門書の決定版。
一、六八〇円

真宗入門
ケネス・タナカ著
島津恵正訳

Q&A・他宗教との対話形式で仏教と親鸞思想のエッセンスを説き明かした、アメリカにおける浄土真宗入門書の翻訳。深い思索と新鮮な言葉で真宗の新地平を拓いた待望の一冊。
二、一〇〇円

念仏者の道
信楽峻麿

思想的混迷を深める現代社会に、宗教者はいかなる役割を荷うべきなのかを、ラジカルに問いかける注目の書。念仏者は社会の範となるべく自己を厳しく律するべきであると説く。
二、九四〇円

親鸞とその思想
信楽峻麿

ゴータマ・ブッダと大乗仏教の原点に立ち帰り、親鸞が開顕した浄土真宗の信心を明らかにさせ、人格成長の歩みとしての「念仏の仏道」をわかりやすく解明。著者渾身の現代親鸞論。
一、六八〇円

親鸞と差別問題
小武正教

今こそ親鸞の原点に帰り、いのちの尊厳を回復せよ！院号と法名、葬儀・坊守問題、穢れと部落差別、迷信・習わしなど、真宗教団と日本社会の差別問題をラジカルに問う話題の書。
三、九九〇円

いのちの大地に樹《た》つ
現代真宗入門講座
谷川理宣

信心とは自我の場から如来の立場への自己の立脚地の転換である―親鸞の主著『教行信証』の構造に従いつつ、悪人正機・往生浄土等の浄土真宗の教えを現代の救済原理として明かす。
二、五二〇円

わが信心わが仏道
西光義敞

「仏教実践学」を志して仏教カウンセリングやビハーラ活動・トランスパーソナル心理学に関心を寄せた著者が、親鸞への想いと自らの宗教体験を明かす、急逝した著者の最後のメッセージ。
二、一〇〇円

いのちを生きる
法然上人と親鸞聖人のみ教え
浅井成海

一度きりのいのちと、人生の真実の姿を見つめ、大いなるいのちに生かされている事実に心の眼を開いて生きよう――法然上人と親鸞聖人の念仏の教えを現代人にやさしく語る法話集。
一、九九五円

親鸞・信の構造
安冨信哉

想像力の飛翔！浄土の信とは何か、浄土の信を生きるとは、どういうことか。現代人の信のありかを問う著者が、親鸞の信の世界に鋭く迫り、その構造を斬新な視角から解明する。
二、一〇〇円

日本浄土教の形成と展開

浅井成海編

浄土教の基本理念から、法然とその門弟（證空・隆寛・親鸞）の教学、さらに近代の親鸞論に至る日本浄土教の思想形成と歴史的展開を最新の研究成果を踏まえて解明する二八名の画期的論考。

八、四〇〇円

親鸞と浄土教

信楽峻麿

阿弥陀仏と浄土の思想的起源を明らかにするとともに、浄土教の教理史的変遷を踏まえて親鸞思想の特徴とその意義を明確にする画期的論文集。さらに、キリスト教の対比についても論考。

一〇、五〇〇円

教行信證講義　全三巻

赤沼智善
山辺習学

詳細平明な解説、教行信証に対する権威ある入門書。
①教行の巻　②信證の巻　③真仏土の巻・化身土の巻

揃　一三、六八〇円

教行証文類講義　全九巻

信楽峻麿

『教行証文類』の一語一語を現在の視点から厳密に読み解く待望の書。既刊　①七、一四〇円　②九、九七五円　③五、六七〇円　④七、一四〇円　⑤七、八七五円　⑥一〇、二九〇円　⑦一〇、二九〇円

正信念仏偈講義　全五巻

宮城　顗

真宗の教えの精髄である『正信偈』を、詳細に解説。一語一語にこめられた親鸞聖人の教えの意義を明らかにする不朽の講義。

揃　一九、〇五四円

往生浄土の自覚道

寺川俊昭

死後浄土往生を説く従来の教学が、親鸞思想の本義ではないことを、親鸞が説く願生思想の意義を明確にすることで明らかにする。教義の通説を根底からくつがえす画期的論集。

八、九二五円

親鸞の信証論

浄土と国家

西山邦彦

無力の自覚から始る『浄土論』解義分の読解により、『教行信証』証の巻を解明。これまでの宗学とは質を異にしたメタ理論で解いた大作。

一五、七五〇円

浄土について

『教行信証』真仏土巻義讃

西山邦彦

親鸞の浄土を説いた「真仏土の巻」は、浄土が本願酬報の土だということにより、真人は浄土から出発し浄土へ帰る円環を顕らかにしていることを古今東西の論を交えて解き明かす。

三、八八五円

増補新版　親鸞の生と死

デス・エデュケーションの立場から

田代俊孝

浄土教における死の受容と超越を釈尊から親鸞にいたる思想史の上で検証する。「死生学」を提唱したビハーラ研究の第一人者である著者が、大幅な書き下ろしを加えて面目を一新した決定版。

四、五一五円

郵便はがき

料金受取人払

京都中央局
承　認

280

差出有効期間
平成19年6月
1日まで

(切手をはらずに
お出し下さい)

600-8790

508

京都市下京区
正面通烏丸東入

法藏館
営業部　行

ご購読有難うございました。このカードで、小社への直接のご注文、図書目録の請求等、必要事項をご記入のうえ、ご投函下さい。

ご購入の書籍名

お買上げ書店名　　区 市 郡　　町　　書店

ご購入の動機
□店頭で見て　□書評・紹介記事　□新聞・雑誌広告
□その他（具体的に　　　　　　　　　　　　）

●本書へのご意見・ご感想または小社出版物へのご希望（出版してほしいテーマ、ジャンル、著者名など）をお書き下さい。

購入申込書 ご注文は書店、または直接小社（送料実費）へお申し込み下さい。

書名	定価	部数	書店印（取次番線印）
	円	部	この欄は書店で記入します
	円	部	
	円	部	
	円	部	

◆ご案内等をお送りいたしますので、ご記入下さい。

□□□-□□□□ 都道府県

ご住所

（フリガナ）
お名前

TEL （　　）

（個人情報は『個人情報保護法』に基づいてお取扱い致します。）

図書目録 要・不要

年齢 歳

男・女

●お読みになりたい本のジャンル
□哲学・思想 □心理 □宗教
□仏教（内容　）
□仏教学 □真宗 □歴史 □民俗
□その他（　）

●E-mail

ご職業・在校名（所属学会名）

定期購読の新聞・雑誌名（出版PR誌を含む）

ということです。

北陸には昔から臨終説法《りんじゅうせっぽう》の習慣があります。いよいよというとき、お寺のご住職を枕元に呼んで、最後の説法をするのが臨終説法です。父は、九十歳で亡くなりましたが、私が病院へ見舞いに行くと喜んでくれて、

「宗恵《そうえ》、よく来てくれた。わしもいよいよになった。最後のところを言って聞かせてくれ」

と、何度も言われたのです。私は、言われるたびにドキッとしました。私には、父に言えるような言葉は何もないのです。ただ、父との別れが悲しいという思いだけが胸を塞いでいて、父の心を安らかにするような言葉など、どこを探しても見つかりませんでした。

また、家内のときも同様です。家内は癌で亡くなりましたから、最後は七転八倒の苦しみの中で死んでいきました。そんな姿を目の前にして、私はた

だオロオロするばかりで、家内の心を安らかにする言葉など、とても言うことはできませんでした。そして、これが凡夫の姿だと痛感したのです。そして時間の経過とともに「ただ念仏して弥陀にたすけられまいらすべし」の金言が私の中に鮮明になってきたのです。

私たち凡夫は、高原の陸地に美しい花を咲かせることはできないのです。仏法を学んで一生を穏かに暮らし、安心して死を迎えるような生き方はできないのです。家族の死を前にして、ただオロオロしたり、悲しみで胸が塞がれ、ただ涙を流すしか術がないような姿をさらし続けるのが凡夫の人生なのです。

そのような凡夫を、凡夫のままで救う教えが他力念仏の教えであり、そのような教えが説かれる『無量寿経』だからこそ、真実の経と言われるのです。

親鸞聖人は、長い長い苦闘の果てに、「愚禿釈親鸞《ぐとくしゃくしんらん》」という名のりに行き

着かれたのです。そして、すべての凡夫がそのままで救われる仏道を明らかに示されたのです。そして、

浄土宗のなかに、真《しん》あり仮《け》あり。真というは、選択本願《せんじゃくほんがん》なり。（中略）選択本願は浄土真宗なり。（中略）浄土真宗は大乗《だいじょう》のなかの至極《しごく》なり。

（『末燈鈔』第一通、『聖典』六〇一頁）

というように、選択本願念仏の教えこそが浄土真宗であり、大乗仏教のなかで最も尊い教えであると言い切られているのです。

このようにして、親鸞聖人は私たちに、凡夫がそのままで救われる道を示してくださり、そしてそれを浄土真宗として後世に伝えてくださったわけです。そのご苦労のおかげで、私たちは今、他力念仏の教えを聞くことができるわけです。お念仏の教えに出遇うことができたおかげで、凡夫だ凡夫だと言いながらも、それなりの日暮らしをさせていただきながら、生まれてきた

意義をしみじみと感じさせていただくことができる世界を与えられているわけです。

しかし、このように親鸞聖人が後に残してくださった浄土真宗ですが、それが今日まで伝えられてくるためには、多くの先人のご苦労があったわけです。

本廟ものがたり

真宗本廟のはじまり

親鸞聖人《しんらんしょうにん》は、弘長《こうちょう》二年（一二六二年）の十一月二十八日に亡くなられました。お側におられたのは、覚信尼《かくしんに》さまと、ほんのわずかの門弟だったと言われています。

『御伝鈔《ごでんしょう》』を見てみますと、

聖人弘長二歳《しょうにんこうちょうにさい》（壬戌《みずのえいぬ》）仲冬下旬《ちゅうとうげじゅん》の候《こう》より、いささか不例《ふれい》の気《き》まします。自爾以来《それよりこのかた》、口に世事《せじ》をまじえず、ただ仏恩《ぶっとん》のふかきことをのぶ。声に余《よ》言《ごん》をあらわさず、もっぱら称名《しょうみょう》たゆることなし。しこうして、同《おなじき》第八

日午時《うまのとき》、頭北面西右脇《ずほくめんさいうきょう》に臥《ふ》し給《たま》いて、ついに念仏の息たえましましおわりぬ。（『聖典』七三六頁）

とあります。弘長二年の十一月下旬になって親鸞聖人が病気になられたのです。それ以後は、世間話のようなことは一切口にされず、ただひたすら、阿弥陀仏のご恩の深いことを讃嘆され、ただ称名念仏ばかりをされるようになったのです。そして、十一月二十八日の正午に、念仏の声が絶えると同時に、ご入滅《にゅうめつ》になったということです。

まことに静かな、念仏者の最後の様子を伝えているのが、『御伝鈔《ごでんしょう》』です。この親鸞聖人のご臨終《りんじゅう》のときにお側におられたのが、末娘の覚信尼《かくしんに》さまと、わずかな門弟だったわけです。

『御伝鈔』を見ますと、親鸞聖人のご臨終のあとは、次のように書かれています。

はるかに河東《かとう》の路《みち》を歴《へ》て、洛陽東山《らくようひがしやま》の西《にし》の麓《ふもと》、鳥部野《とりべの》の南《みなみ》の辺《ほとり》、延仁《えんにん》寺《じ》に葬《そう》したてまつる。(『聖典』七三六頁)

このように、東山の麓の鳥部野の延仁寺でお葬式をされたのです。そして続いて、

遺骨を拾《ひろ》いて、同山《おなじきやま》の麓《ふもと》、鳥部野《とりべの》の北、大谷《おおたに》にこれをおさめたてまつりおわりぬ。(『聖典』七三六頁)

とあるように、遺骨を東山の大谷に納めて、お墓を作られたのです。高田本山の専修寺本《せんじゅじぼん》『御伝鈔《ごでんしょう》』に描かれた絵を見ますと、塔婆《とうば》の石碑の周りに囲いがしてあるだけの、ささやかなお墓になっています。これがおそらく、一番最初の親鸞聖人のお墓であっただろうと思われます。

覚信尼さまの土地寄進

その親鸞聖人のお墓に、毎年、門弟の人たちがお参りに来られます。当時は、遠く、関東からお参りになる。遠くからおいでになるのに、どうもお墓が、みすぼらしいといいますか、ささやかなので、娘の覚信尼《かくしんに》さまは心を痛めておられたのだと思います。

当時覚信尼さまは、その御墓所のすぐ近くに所帯を持っておられて、ご主人と二人の子どもと暮らしておられたのです。ご主人は小野宮禅念《おののみやぜんねん》という方、そして男の子が二人おられて、覚恵《かくえ》と唯善《ゆいぜん》というお二人でした。

じつは、覚恵という子は、覚信尼さまの前のご主人で、亡くなられた日野《ひの》広綱《ひろつな》という方との間にできた子どもです。広綱さんが亡くなったので、男の子をつれて小野宮禅念と結婚したのです。そうして生まれた子どもが唯善です。

そこで、覚信尼さまは、お墓が気になる。「どうにかならないかな」という願いを持っておられたときに、ご主人の小野宮禅念、少し財産のある人だったのでしょう。それで、「私が土地を寄付する」と、こう申し出てくださるのです。それで喜んだ覚信尼さまが、早速、関東の同行《どうぎょう》に手紙を書きます。そうすると、関東の門徒たちはたいへん喜びまして、墓地を寄付してくださるのなら、「なんとしても私たちの力でお墓を造りましょう」といって、お墓ができるのです。

『御伝鈔』によりますと、

文永《ぶんえい》九年冬の比《ころ》、東山西《ひがしやまにし》の麓《ふもと》、鳥部野《とりべの》の北、大谷の墳墓《ふんぼ》をあらためて、同　麓《おなじきふもと》より猶西《なおにし》、吉水《よしみず》の北の辺《ほとり》に、遺骨《いこつ》を掘渡《ほりわた》して、仏閣《ぶっかく》をたて影像《えいぞう》を安《あん》ず。（『聖典』七三七頁）

とあります。これまであったところから少し西のほうへ来て、吉水というところ、まさに現在の知恩院《ちおんいん》があるあたりです。あのへんにお墓らしいものができたのです。

じつを言いますと、その場所は、はっきり残っているのです。知恩院の少し北に、知恩院の塔頭《たっちゅう》で、崇泰院《そうたいいん》というお寺があります。そこがまさにこの地なのです。

そこへ移りまして、初めて御墓所が、それらしい形でできる。その横に、「仏閣をたて影像を安ず」というのですから、お堂が建ち、親鸞聖人の木像が安置された。これが、真宗本廟《しんしゅうほんびょう》の最初の姿です。六角形の形をした、門弟たちが肩を寄せ合ってお参りしたお堂です。それが、「文永九年」と書いてありますから、一二七二年で、親鸞聖人が亡くなられてからちょうど十年目のことなのです。

大谷の廟堂

覚信《かくしん》尼《に》さまが書かれた「寄《き》進状《しんじょう》」を見てみますと、

みぎくだんの地は、尼覚信《あまかくしん》が相伝《そうでん》のところなり、しかるを、故親鸞上人は、覚信が父にておはしますゆえに、むかしの　かうはしさによて、上人の御《お》墓《はか》どころに、永く永代《えいたい》をかきて、寄進《きしん》したてまつる物なり。（原かな文）（『真宗史料集成』第一巻、九八五頁）

とあり、たしかに覚信尼さまが寄進されたものであることがわかります。では、誰に寄進されたかというと、この「寄進状」の宛先は、

志んらん上人のゐ中の御てしたちの御なかへ

（親鸞上人の田舎の御弟子たちの御中へ）

とありまして、親鸞聖人を師と仰ぐ、関東のご門弟に寄進されているのです。

そして、その「寄進状」の中に、

こゝ、まつたいまても、上人の御めうたうの御ちとさためて、ゆめ〱たのさまたけあるましく候。(『真宗史料集成』第一巻、九八五頁)

(ここ、末代までも、上人の御廟堂の御地と定めて、ゆめゆめ他の妨げあるまじく候)

とありまして、覚信尼さまが、ここを廟堂と呼んでおられたことがわかるのです。

この大谷の廟堂が真宗本廟の始まりです。そして、この大谷の廟堂に、関東の門弟が次々とお参りにこられたのです。

このようにして真宗本廟がめでたく立ち上がるわけですけれども、そこに安置された、御真影《ごしんねい》さまがわずか十年あまりで、お引っ越ししなければならないことになるのです。

先ほど言いましたように、覚信尼さまには男の子が二人おられました。男の子が二人の場合、当時は兄が跡を継ぐのが当然でした。それで、覚信尼さまは、兄の覚恵法師《かくえほうし》に跡継ぎをさせたいと、譲り状を書いておられたのです。弘安《こうあん》六年（一二八三年）十一月二十四日の日付けの「覚信尼最後状《かくしんにさいごじょう》」と呼ばれる手紙が残っていまして、その中に、

この上人の御墓の御さたをば、専証房《せんしょうぼう》に申しおき候うなり。（原かな文）
（『真宗史料集成』第一巻、九八七頁）

とありまして、覚恵《かくえ》（専証房《せんしょうぼう》）に廟堂《びょうどう》をまかせるとはっきりと書かれているのです。その譲り状を書かれて、まもなく覚信尼さまは亡くなります。

唯善事件

覚信尼さまが亡くなって、覚恵さまが跡を継がれるのですけれども、まもなく次男の唯善《ゆいぜん》が、「じつは、この譲り状は私のところに来ているのだ。な

ぜなら、この地面を寄付したのは私の父、禅念だ。だから当然私が継ぐのだ」と言って、譲り状が二つ出てくるのです。

それで、当時関東の門弟たちがたいへん困りまして、なんとか落ち着けなければならないと、門徒も、おそらく、はるばる京都まで上ってこられて、あの手この手を尽くされます。

なんとかしなくてはならないというので、最初、朝廷のほうへ裁定を願い出ます。朝廷は、坊さんか坊さんでないかわからないような、社会的に言えば、何かわけのわからない人たちが、跡継ぎの問題で喧嘩している。そんなものは、朝廷の裁断には馴染まないというので、返してしまいます。

次に検非違使《けびいし》の庁といって、今日でいう裁判所ですが、そういうところへ行くのです。ところが検非違使も受け付けませんでした。

結果的にどこで裁断してもらったかというと、青蓮院《しょうれんいん》です。さっき言った崇泰院《そうたいいん》のちょっと北に青蓮院があります。当時は、大谷《おおたに》とか吉水《よしみず》とかという、東山一帯が全部青蓮院の所領なのです。本所といって、もともとは青蓮院の勢力範囲です。その中に小野宮禅念《おののみやぜんねん》が土地を持っていたので、この土地の争いだったので、本所の青蓮院に裁断を仰ぐことになったわけです。

青蓮院はこれをまじめに受け止めてくださって、唯善の訴えを退け、弟の主張は認められないといって、覚恵さまが跡を継がれます。

真宗本廟の精神

問題は、その場所を「大谷の廟堂」と言われた、その「廟」の字を、私は大切にしたいわけです。現在の真宗本廟は、南のほうに阿弥陀堂の門があって、その北側に御影堂《ごえいどう》門、大門があります。そこは、明治四十二年（一九〇九年）に立ち上がっています。明治の人たちが、その山門ができたときに表札を掲げた。当然、本願寺とありそうなのですが、そこには本願寺と書いてないのです。明治の人たちは、「真宗本廟《しんしゅうほんびょう》」としたのです。

新しい宗憲ができて、そんな名前にしたのだろうと、そんなことではないのです。ずっとその伝統を受け継いで、「真宗本廟」と掲げられています。ですから、奉仕団も真宗本廟奉仕団、これは何も新しいことをやっているのではなく、伝統的な名前なのです。

ところが、三代目覚如上人《かくにょしょうにん》の時代から、大谷の廟堂が本願寺になります。はじめはお堂だけです。御真影さまだけで、阿弥陀さまを安置する本堂はありません。ご門徒の方は、みんな御真影さまに参る。ところが、覚如上人が、どうしてもお寺にしたいということで、それが本願寺になるのです。

そこにもいろいろな話があります。当時はまだ主力は関東にありました。覚如上人は、留守職《るすしき》を覚恵さまから受け継いで、廟堂の主になりたかったのですけれども、関東の門弟たちがそれを認めなかったのです。関東の門弟たちは、唯善事件で懲りているのです。「京都に住んでいる人たちは、よほど気をつけなければいけないぞ」ということでしょう。

覚如上人の懇望状

それで、覚如上人《かくにょしょうにん》は、留守職《るすしき》に就くことを関東の門弟に認めてもらうために、「懇望状《こんもうじょう》十二箇条」というのを出されたのです。その第一条には、

一、毎日の御影堂《ごえいどう》の御勤《おんつとめ》、闕怠《けったい》すべからざる事（原漢文）（『真宗史料集成』第一巻、九九三頁）

とあります。つまり、毎日のお勤めを怠りませんと、わざわざ誓約しておられるのです。

そして第二条に、

一、財主、尼覚信《あまかくしん》の建治《けんじ》・弘安《こうあん》の寄進状に背《そむ》くべからざる事

とあります。「財主、尼覚信」というのは、覚信尼さまのことで、廟堂の土地を寄進したことから「財主」と呼ばれていたことがわかります。その次に「建治・弘安の寄進状」とありますが、建治三年（一二七七年）に書かれた寄進状と、弘安三年（一二八〇年）に書かれた寄進状のことです。弘安三年十月二十五日付けの「寄進状」を見てみますと、

親鸞上人《しんらんしょうにん》の御弟子《おんでし》たちの御心《おこころ》にかないて候わんものをば、この御墓どころをばあづけたび候て、さはくらせ給い候べく候。末代までも御墓どころをまったくせんために、寄進の証《しょう》、件《くだん》のごとし。（原かな文）（『真宗史料集成』第一巻、九八六頁）

とあります。つまり、関東の門弟の心にかなった者を留守職《るすしき》にして、その人たちの生活ができるようにしてやってほしいといっておられるのです。その

ようにすることで、末代までこの廟堂を守り続けていってほしいと願っておられるのです。

これが、覚信尼《かくしんに》さまの願いであり、その心に背くことはしませんというのが、覚如上人《かくにょしょうにん》の「懇望状《こんもうじょう》」の意味です。

覚信尼さまの願い

覚信尼さまは、また、

子孫たりというとも、田舎の御同行たちの御心ゆかずして、心にまかせて売りもし、又、違乱なさんともがらは、早く不興《ふきょう》にぞせられて、罪《ざい》科《か》に行なわるべし。(原かな文)

とも言っておられます。つまり、御弟子の同意も得ないで、廟堂の土地を売ったり、間違ったことをするような者が出たら、たとえ親鸞聖人の子孫であったとしても、すぐに処罰してほしいといっておられるのです。そのようにして、どうか廟堂を御同行の手で末永く守っていってほしいというのが、覚信尼さまの願いだったわけです。

そのために、覚信尼さまは、土地を「親鸞上人の田舎の御弟子たちの御中へ」寄進されたのです。ですから、覚信尼さまには、大谷の廟堂を自分たち一族のものであるとする考えは、まったくなかったのです。あくまでも、御同行みんなで維持していくものであって、覚信尼さまの子や孫であっても、御同行の同意なしに勝手なことをしてはいけないと考えられていたのです。これが、真宗本廟の精神なのです。

覚如上人は、関東の門弟に対して、この真宗本廟の精神に背くようなことは絶対にいたしませんと誓われたわけです。

このような、「懇望状」を出されたことで、関東の門弟は、覚如上人の留守職就任を認めることになります。

本願寺となった真宗本廟

ところが、大谷の廟堂の留守職となられた覚如上人だったのですが、覚如上人は、廟堂を本願寺というお寺にされるのです。これについては、いいとか悪いとかいうことは、まったく口をはさめません。お寺にしなければ、念仏の教えが保てなかった、そういう歴史的背景もあるでしょう。それは、覚如上人の、それなりのたいへんなご苦労があると思います。

お寺にするには、本堂があるかとか、どんな仏さまを本尊としているのかということが問題になります。現在の宗教法人法でも、礼拝仏はきちんと書かなければならない。大谷派の寺院は、阿弥陀如来と書いてあるのです。

そうすると、親鸞聖人を安置する廟堂のままでは鎌倉幕府は認めてくれません。親鸞聖人は仏ではないのですし、さらに親鸞聖人という人は、朝廷によって罪科に処せられた方でしょう。言ってみれば、島流しになった人です。そんな人を宗祖《しゅうそ》や、ご開山《かいさん》だとは、絶対に認めません。ですから、本願寺となった場合は、そういう娑婆《しゃば》の波風を受けなければならなくなります。

そうなると、本願寺の初代は、覚如上人ということになる。親鸞聖人を初代とはできないのです。そうでないと認められないのです。それは、その当時の歴史的事情ですから、この二十一世紀になって、よかったとか悪かったとか、そんなことは言えません。

覚如上人は、本当は、専修寺《せんじゅじ》という寺にしたかったのですが、比叡山《ひえいざん》が徹底的に反対をした。専修念仏は長く禁制と、こう言っているのです。ですから、専修念仏には絶対反対なのです。それで、本願寺ならいいということになります。それで本願寺になったわけです。

ところで、専修寺という寺号ですけれども、せっかく立派な看板を書いてあって、お寺の門に掛けるばっかりになっていました。ところが、ちょうどそこへ浅香門徒《あさかもんと》の法智《ほうち》という人が参りに来ていて、「それならうちの田舎の寺にもらっていく」と言って、持っていって、それが高田派の専修寺《せんじゅじ》になったのです。

真宗本廟の精神を復活された蓮如上人

そういうことで、真宗本廟の留守職でいくと、親鸞聖人から数えていいのです。けれども、本願寺となると、親鸞聖人は飛んでしまう。そういう不都合がありました。それを元に戻したのが、ほかでもない蓮如上人《れんにょしょうにん》なのです。ある意味で、命がけだったかもしれません。本願寺、御影堂留守職《ごえいどうるすしき》八代蓮如と名乗られることで、御影堂留守職としての真宗本廟の精神が復活したわけです。その蓮如上人の勇気がなかったら、まことに妙なことになっていたのです。そのようにして、真宗本廟の命が蓮如上人によって再びおこった。そういうことを非常に高く評価して、明治の人たちが東本願寺の大門に「真宗本廟」と、高らかに掲げてくださったということです。

そのように、真宗本廟と言われることには、歴史的な背景があるわけです。ですから、東本願寺というのは、いわゆる普通のお寺ではないということです。普通のお寺というのは、何かというと、私から言うと、いわゆる菩提《ぼだい》を弔《とむら》う菩提寺です。ご先祖さまの菩提を弔う。そのためにお寺があり、本山があるというのが普通のお寺です。

それに対して真宗本廟は、先祖供養を否定するわけではないですけれども、もっと大事なことは、今現在説法《こんげんざいせっぽう》しておられる親鸞聖人の説法に遇う場所だということです。そういうことを、言うまでもないことですけれども、もっと鮮明にすべきであると思います。

しかも、教えというものは、その時代、時代によって、聞き方を変えていかなければならないものです。こちらの状況が変わってくるのですから、百年前と同じ言葉を埋めたって感動しません。今現在説法しなければ、いま、今日、ただいま、ということに立って聞法しなければ意味がありません。ただいまの感覚で、ただいまの説法を聞かなければいけないということになります。

今現在説法の場

そこで、ただいまはどういう時代かということをお話しして終わりたいと思います。

現代という時代を、どうとらえるかということですが、いろいろな言い方があります。いろいろな言い方がありますが、私はそのいろいろな言い方を否定しません。そのとおりだと思います。たいへんにやっかいな、命を粗末にする時代です。

このあいだ、五木寛之《いつきひろゆき》さんが、『百寺巡礼』でお見えになりました。ぜひお会いしたいということで、お会いして、いろいろとお話ししたのです。五木寛之さんは、のちに、その書物にも書いておられますけれども、現代の日本の問題点を顕著に表すこととして、いつも言われますが、年間自殺する人が三万人。去年は三万三千人を超えているのです。交通事故で亡くなる人が一万人とすれば、その三倍の人が自ら命を絶っておられる。これほど豊かな国と言われながら、いったいこれは何だろうと、これは五木さんの課題です。聞けば、私もなるほどなと思いました。交通戦争というのは、一生懸命みんなでなくそう、なくそうと言うのですけれども、その三倍もの人が死んでいる。しかも、五木さんに聞くと、亡くなったのは三万三千人だけれども、自殺未遂の人はその四倍いるのだそうです。みんな失敗するわけです。救急車の中で頬を叩かれて気づいたりして助かる人がいるから三万三千で済んでいるのだけれども、実際にはもっと多くの人がその背景にいるわけです。

その三万という数は、アメリカでは年間三万人の人が銃によって殺されている。それも病んだ国です。日本は、何でもアメリカに追従しますけれども、危険です。

挙げたら切りがないのですが、そういう世相が現代です。私たちもどっぷりとその中にあるということを認識すべきであるかと思います。

ヒューマニズムを考える

私たちが、いまどっぷり、どういう中にあるかというと、民主主義という思想の中にどっぷりつかっているのです。また、人道主義とかヒューマニズムという思想につかっています。そして、これがいちばん温かい、いい主義だと、私たち日本人は思い込んでいるのです。

しかし、ヒューマニズムがそんなすばらしいことだと言えるのかと、最近、心ある人たちは言い出しています。

ヒューマニズムというのは、ヨーロッパで起こった主義で、ご存じのようにヨーロッパというのは、キリスト教が絶対権力を持っていたのです。教会の言うことが絶対正しいと考えられていた。あるとき、頭のいい人が、どうも地球は丸いぞということに気づくのです。それで、教会へ行って、地球は丸いと言ったのですが、地球はまっすぐで、向こうは滝になって落ちていると、お坊さんたちはそう信じているのだから、地球が丸いなんて、とんでもないということになったのです。

それが科学文化が発達することによって、教会の権威がだんだん弱ってきて、最後に逆転する。フランス革命で、歴史的に言えば逆転する。そして、人間が人間らしくなるのです。そこに人道主義、ヒューマニズムが起こってくる。抑圧されていたものが、神から解放されて、ニーチェは「神が死んだ」とまで言った。そして、人間中心主義の時代になったのです。

昔は、音楽も、いわゆるキリスト教の神を讃える音楽しか許されなかったのでしょう。それが、人間を讃える音楽に変わった。それから絵でも、いわゆる神を表す絵しか許されなかった。ところが、だんだん人間を描こうではないかということになった。筋肉隆々の男性や豊満な女性を描いて、人間を謳歌するという雰囲気になる。これをルネッサンスといい、そこで生まれたのがヒューマニズムなのです。

そして、今日のすばらしい科学文化のヒューマニズムを生んできたのですが、二十世紀の中ごろから、これが壁に突き当たったのです。そのヒューマニズムの向こうが見えないようになって、まったく厚い壁に行き当たった。どういうことかというと、今度は人間が偉くなりすぎて、人間が神になった。もともと神さまを否定していた人間が、自分が神になった。

だから、仰ぐところがなくなる。日本も危ないです。仏さまに頭を下げるのは、もしかしたら私たちの代で終わるかもしれない。人間より上のものが見えないのです。これが、端的に言うと、二十一世紀のたいへんな病気です。

目には目を、歯には歯を

第一次世界対戦が終わったときに、ヨーロッパの牧師さん、神父さんたち、心ある人たちが、なぜこんな戦争が起こるのだろうかと、神の教えを聞きながら、なぜ戦争があるのだろう、もう一度バイブルを読み直そうではないかという人たちが出たのです。カール・バルトとかブルンナーという、そういう人たちです。カール・バルトという人の本の中には、法然、親鸞の名前まで出てきます。仏教に学ばなければばというのが、ちらっと出ています。

仏教の名において戦争したということは、私はないと思っています。いま行なわれている戦争は全部、あれは神の名において行なわれている戦争です。

話は横道に行きますけれども、ユダヤ教、イスラム教、キリスト教というのは、もともとは一つなのです。ヤハベの神という、砂漠の人たちがそういう神さまを拝んでいた。そうしたら、頭のいい人が出てきて、「私は神さまの声をこんなふうに聞いたぞ」といった。一人はモーゼで、モーゼが聞いたのが旧約聖書となり、これをユダヤ教というのです。そのユダヤ教の中で、大工の子どもが、私も聞いたといった。これがイエスという人です。ところが、イエスという人の聞いたのが、ユダヤ教の宗教者たちの気にくわないもので、丘の上で磔《はりつけ》になって死んでしまって、それがキリスト教になります。もう少し時代が下ると、今度は砂漠のほうで、ムハンマドさんという人が神の声を聞いた。私も聞いたということで、書いたのがコーランになったのです。

旧約聖書、新約聖書、コーランも、面倒なのは、『ハムラビ法典』という古い法律書にある「目には目を、歯には歯を」という教えを下敷きにしているということなのです。睨まれたら、かならず睨み返せと、お経に書いてある。「歯には歯を」というのは、噛まれたら噛みつけということです。教えに忠実な人ほど、その通りに実行しようとします。

そういう戦争というものに、日本が巻き込まれる必要は、さらさらないと思うのです。日本も戦争をしました。仏教が神を立てたからです。天照大《あまてらすおお》神《かみ》を立てて、そして、天皇を現人神《あらひとがみ》だとしてしまったのです。神というのは固有名詞でしょう。アラーでも、イエスでも、天照大神でも、全部固有名詞です。固有名詞の神を立てると、自分たちの神はすごいぞ、お前のところの神より、こちらは上だとなるのです。ではやってみようかと、ドンパチ戦争が始まるのです。

鈴木大拙《すずきだいせつ》先生は、阿弥陀仏は固有名詞ではなく、いうなれば絶対の神であると欧米の人たちに説明しておられます。

南無阿弥陀仏を拠りどころとして

それに対して、「南無阿弥陀仏」というのは、固有名詞ではありません。影も形もましまさぬ方が「南無阿弥陀仏」という名に姿を取りましょうという。これは、本願に基づいて、仮に名になっておってくださるだけです。これは日本人が独占するという、そんな神さまではないのです。もっと言うなら、真実を「南無阿弥陀仏」といただくわけですから、そういう意味においては、ちょっと違うのです。

話を元に戻しますと、現代はヒューマニズム、人間中心主義の時代になってしまったのです。その人間中心主義は、穴を掘って石炭が出れば使い、木が生えていれば、切って燃やし、空気も水も大地も、全部汚した。象もキリンもメダカも住めないようになった。

それで、なおかつ自分だけ生き残ろうとして、今度は内臓移植だということになってきた。死んだ人の臓器をもらってこようということになった。その部分だけ聞くと、すばらしい話のように錯覚するのです。死にかけている人の臓器が、だれかのためになるのなら、あげてもいいではないかということになるからです。ところが、人間の現実は、そんな甘いものではありません。生きている人を殺して臓器を取ってくるようになるのです。人間の臓器を売り買いするようになってしまっているのです。眼球の角膜を犠牲にすればば、一族が食べられるようになるのです。結局は、お金を持っている人は、いただく。貧乏な人は提供するという、そういう犯罪を限りなく繰り返していくことになるのです。しかも、そのような犯罪的な行為の結果、わずかに五年か十年寿命を伸ばすだけで終わっていくのです。そんなことで本当の満足が得られるのでしょうか。

私たちの命の、魂の満足は、ご本願に遇うということのほかには絶対にないのです。命は、真実に遇いたい、まことに出遇いたいと叫んでいるのです。心がどん底から喜べるのは、真実に出遇ったときだということです。

ところが現代人は、ヒューマニズムにどっぷりとつかって、その問題に気づいていないのです。その証拠に、どうですか皆さん、お浄土をだれも願わなくなった。ここが結構だから、一年でも永く娑婆にしがみついて、これ食べればうまい、これ食べれば長生きする、こういう運動は健康にいいと。そのような内容の情報が溢れています。そのように人間の命にケチケチして、肝心なものを見落としているというのが、ヒューマニズムの姿ではないでしょうか。これは言い過ぎですか。

しかし、私たちは、娑婆にしがみつく必要はないのです。本当に真実に遇ったら、娑婆も浄土も超えて、ひたすら生きるという、もう一つの生き方が、もう一つの誕生があるに間違いなかろうと思えてなりません。

白蓮華の道を開く

親鸞聖人《しんらんしょうにん》は、人間が神を超えて立派に生きていく道を説かれたのではないのです。泥の中に生まれ、生涯を泥の中でしか生きられない人間が、そのままで正覚《しょうがく》の花を咲かせることのできる白蓮華《びゃくれんげ》の道を説いてくださったのです。

そして、その白蓮華の道は、お寺ではなく真宗本廟《しんしゅうほんびょう》として伝統されてきた、親鸞聖人の今現在説法《こんげんざいせっぽう》の場において、昔も今も、そしてこれからも説かれ続けているわけです。そのような、真宗本廟の心をしっかりと受けとめるということは、人間中心主義に陥った現代の課題を南無阿弥陀仏の心で克服するということにほかなりません。

人間の思い上がりを諌《いさ》め、戦争を無くして、すべての人間が文化や宗教を異にしながらも共に手を取り合って生きられる世界を作り上げるためには、その真ん中にお念仏の心が、浄土を願う心が必要なのでしょう。それが、白蓮華の道であり、親鸞聖人が真宗本廟において、現在もなお説き続けてくださっている道なのです。

あとがき

真宗本廟を、現実社会の中で、どのように意義あるものにしていくのか。それが、私が宗務総長の職についてからの、重要な課題の一つであった。そして、その課題を実現するためには、真宗本廟の意義とは何かを、私の中でより一層明確にすることが必要であった。

私は、自分の心の中で、真宗本廟の意義を、

「凡夫が仏となる道を説く、今現在説法の道場」

と見定め、そのような私の思いを語ったのが、本書である。

私の思いを広く語りかけ、多くの人びととその思いを共有することで、一人でも多くの人に、「今現在説法」の道場である真宗本廟に足を運んでいた

だきたいという、せつなる希望を持って、本書を上梓することとした。

刊行を強く勧めてくださった法藏館社長、西村七兵衛氏に感謝するとともに、刊行に賛同してくださった大谷婦人会専務理事、椋田知雄氏に謝意を表します。

二〇〇五年六月一日

真宗本廟　宗務総長室にて

熊　谷　宗　惠

大谷婦人会女性仏教講座の講話によって

本書は、大谷婦人会女性仏教講座での左記の講演をもとにしたものです。
「本廟ものがたり」二〇〇三年十二月一〇日講演
「淤泥の花」二〇〇四年十二月一〇日講演

大谷婦人会本部では、毎年十二月に、お内仏報恩講をお勤めし、京都支部会員をはじめ有縁の方々にも参詣をいただいております。

熊谷宗惠真宗大谷派宗務総長（大谷婦人会理事長）には、ご多用の中にもかかわらず、二〇〇三年・二〇〇四年と二年連続してご出講いただき、感銘深いご法話を賜りました。

この良きご縁をより多くの方々と分かちあえればと思います。お一人でも多くの方にお読みいただけることを、切に願っております。

合掌

大谷婦人会　本部事務局

熊谷　宗恵（くまがい　そうえ）
1938年、石川県に生まれる。
1962年、大谷大学大学院修士課程修了。
2003年、真宗大谷派宗務総長就任。
真宗大谷派仰西寺住職。

白蓮華の道
——真宗本廟の心——

二〇〇五年七月三〇日　初版第一刷発行

著　者　熊谷宗恵
発行者　西村七兵衛
発行所　株式会社　法藏館
京都市下京区正面通烏丸東入
郵便番号　六〇〇-八一五三
電話　〇七五-三四三-〇〇三〇（編集）
〇七五-三四三-五六五六（営業）

印刷　リコーアート・製本　清水製本

ISBN 4-8318-8990-3 C0015

花すみれ双書

安らぎの世界を開く信心	和田真雄著	三三三円
いのちの輝き	太田祖電著	三八一円
お浄土が開けている	竹下　哲著	三八一円
念仏者の心得	宮戸道雄著	三八一円
こころも風邪をひくのです	中村　薫著	三八一円

価格税別

法　藏　館